칩스 앤 딥
Chips & Dip

칩스 앤 딥

Chips & Dip

Contents

Chips
Base

Chips·Chips·Chips	008
재료 손질하기	011
Upgrade Seasoning	014
Chips Cooking	018

    Dry : 식품건조기 활용하기
    Roast : 오븐 활용하기
    Fry : 튀김기 & 에어프라이어 활용하기

다양한 칩으로 생색내기	026

    맛과 식감이 살아있는 보관법
    선물하기 좋은 포장법
    요리가 특별해지는 다양한 칩 활용법

Fruit
Recipe

사과	035
배	037
키위	039
딸기	041

오렌지&자몽	043
바나나	045
망고	047
파인애플	049
무화과	051
용과	053
아보카도	055
밤&대추	057

Vegetable
Recipe

마늘&생강	061
당근&꽈리고추	063
양파	065
래디시	067
애호박	069
가지	071
파프리카	073
오크라	075
감자&고구마	077

단호박	079
우엉&연근	081
비트	083
잎채소	085
그린빈스	087
아스파라거스	089
버섯	091
대저토마토	093
마	095

Special
Recipe

라이스페이퍼&춘권피	099
토르티야	101
바게트	103
나초	105
식빵	107
체다치즈	109
파마산치즈	111
김	113

코코넛	115
미역	117
베이컨	119
페퍼로니&스팸	121
만두피	123
진미채	125
뱅어포	127
두부	129
쥐포&어묵	131
누룽지	133
허니아몬드	135
훈제연어	137

Sauce & Dip
Base

마요 베이스	140
크림 베이스	146
오일 베이스	152
소금 베이스	158
그대로 사용해도 훌륭한 시판제품	162

Chips·
Chips·
Chips

많은 사람들이 'Chips'라고 하면 포테이토칩을 제일 먼저 떠올릴 텐데, 이 포테이토칩의 유래가 참 재미있다.

    포테이토칩은 19세기 중반 미국 뉴욕 주에 있는 요리사, 조지 크럼의 손에서 탄생했다. 어느 날 식당에 들린 한 손님이 감자튀김이 너무 두껍다며 몇 번이나 요리에 퇴짜를 놓았다. 이에 요리사는 손님을 골탕먹이기로 작정을 하고 감자를 종잇장처럼 얇게 썰어 기름에 튀겨 내었다. 포크로 찍어 먹을 수도 없는 얇은 튀김을 내놓고 반응을 기다렸는데, 의외로 손님은 손으로 튀김을 연신 집어 먹으며 맛있다는 찬사를 늘어놓았다. 그 후 이 요리사는 포크로 먹을 수 없을 만큼 얇은 프렌치 프라이를 만들어냈고 바로 이렇게 포테이토칩의 역사가 시작되었다고 한다.

    지금은 감자칩을 비롯하여, 다양한 재료로 만든 얇고 바삭한 식감을 가진 것들을 통틀어 '칩'이라고 지칭하고 있다. 재료뿐만 아니라 곁들이는 딥과 시즈닝 등에 따라 훨씬 다채롭게 즐길 수 있는 것이 바로 칩의 매력! 이제 다양한 재료, 다양한 밑손질, 다양한 조리법으로 만든 칩의 세계로 들어가보자.

재료 손질하기

칩을 만들기 위해서는 수분이 많지 않고 잘랐을 때 모양이 유지되는 재료, 껍질째 먹어도 좋은 재료들이 적당하다. 과일처럼 껍질째 사용하는 칩일 경우, 껍질에 묻어있는 농약과 불순물을 잘 제거해야 한다. 굵은 소금으로 박박 문질러 닦은 후, 베이킹 소다를 푼 물에 담가 두면 좋다.

칩은 일반적으로 얇게 자른 뒤, 건조시키거나, 튀기거나, 굽는 방법으로 조리한다. 이때 칼로 써는 방법 외에 여러 조리도구를 이용하면 맛과 식감을 다양하게 변화시킬 수 있다.

① 회전채칼(회전슬라이서)

재료를 칼날과 손잡이 사이에 끼워 넣고 손잡이를 돌리면, 끊어지지 않고 얇게 슬라이스된다. 무른 재료보다 단단한 재료에 사용하면 좋다. 다 자른 뒤에는 알맞은 길이로 잘라줘야 한다. 칼날의 종류를 바꾸면 채칼로 사용할 수 있다.

② 와플슬라이서

물결무늬로 되어있는 칼날 부분을 이용하여, 재료의 방향을 90도로 반복하여 슬라이스한다. 양파와 같이 결이 있는 재료는 적당하지 않다.

③ 슬라이서

칼로 얇고 일정하게 자를 자신이 없다면, 슬라이서를 사용한다. 재료를 잡는 각도에 따라 어슷한 정도를 조절할 수 있다.

④ 묵칼

물결무늬를 손쉽게 낼 수 있지만 단단한 재료보다는 부드러운 재료에 적당하다. 아보카도, 버섯 등에 편리하게 사용할 수 있다.

필러 ⑤

감자나 무를 깎는 도구로 알고 있지만, 재료를 썰 때 사용하면 매우 편리한 조리 도구이다. 길고 단단한 모양의 재료를 길이 방향으로 밀면 효과적이다.

⑥ 칼

자르는 도구 중 가장 일반적인 도구이지만, 일정한 두께가 가능하지 않다. 과일과 같이 속이 무른 재료는 칼을 사용하는 것이 알맞다.

Upgrade
Seasoning

칩 재료를 그대로 조리해도 좋지만, 가루로 된 갖가지 재료로 시즈닝을 해서 만들면, 맛도 좋아질 뿐만 아니라, 훨씬 더 다양하게 응용하여 만들 수 있다. 재료가 지니는 향과 맛의 강도가 다르므로, 칩 재료와 잘 어울리는 재료를 알맞은 양으로 선택한다. 이 재료에는 이 시즈닝이라고 정해진 것은 없고, 취향에 맞춰 시즈닝을 선택하면 된다.

A	생강

생강을 직접 사용하는 것보다 훨씬 더 부드럽고 은은한 향을 낼 수 있다.

B	카레

약간만 사용해도 진한 향을 낼 수 있다. 강황가루를 사용해도 좋고, 일반 카레가루를 사용해도 좋다.

C	마늘

마늘로 가루를 내면 마늘의 진한 향이 부드럽게 느껴진다. 생마늘을 식품건조기에 말려 믹서에 갈아 사용할 수 있다.

D	시나몬

과일과 잘 어울린다. 소량만 사용해서 은은하게 느껴지도록 한다.

E	바질

생바질을 매번 사용하면 좋겠지만, 보관이 어려우므로 건조된 바질파우더를 사용하면 편리하다.

F	들깨

고소한 향이 칩에 깊고 진한 맛을 더해준다. 상온에서는 산폐될 수 있으므로, 냉장 또는 냉동보관하며 사용한다.

G	파슬리

가장 일반적인 허브류로, 익숙한 향이기 때문에 무난하게 사용할 수 있다. 향과 맛뿐만 아니라, 포인트 색으로 사용하면 좋다.

H	큐민

독특한 향을 가졌지만, 다소 향이 강하므로 조금씩만 첨가하여 사용하도록 한다.

I	견과류

고소한 맛을 내기 위해 견과류를 잘게 부셔 사용한다. 입자가 굵으면 칩에 잘 붙지 않으므로, 곱게 갈아서 사용한다.

J	파마산치즈

파마산치즈를 가루로 내어 만든다. 치즈의 고소하고 깊은 맛을 내는데 편리하게 사용할 수 있다.

K	코코아

달달한 맛과 살짝 씁쓸한 맛을 함께 가지고 있다. 과일칩에 사용하면 어울린다.

L	파프리카

은은한 매운맛을 내는데 사용하지만, 만약 없을 경우, 고춧가루를 곱게 갈아 사용해도 좋다.

Chips
Cooking

DRY : 식품건조기 활용하기

얇게 썬 재료를 자연건조시키면 칩을 만들 수 있다. 하지만 시간이 오래 걸리고 만드는 과정 중에 오염이 될 수 있으므로, 이럴 땐 식품건조기를 사용해보자. 조금 번거롭긴 하지만 칸칸이 되어 있는 건조대의 위치를 2~3시간에 한 번씩 위아래로 바꿔주면, 골고루 건조시킬 수 있다.

온도와 시간에 따라 바삭한 식감을 만들지, 쫄깃한 식감을 만들지를 조절할 수 있다. 또한 어떤 첨가물이나 방부제 없이 건조할 수 있어, 화학 물질에 대한 걱정을 줄일 수 있다. 재료를 건조시키면, 수분이 제거되면서 맛이 더욱 진해진다. 따라서 맛이 진하지 않은 채소보다 달달한 맛을 가진 과일이 더 어울린다.

재료별 건조시간 70℃ 기준		
브로콜리 · 당근 · 샐러리 · 가지 등		6~8시간
사과 · 배 · 바나나 · 키위 등		7~9시간
파인애플 · 딸기 등		8~10시간
양파 · 토마토 · 버섯 · 감자 등		10~12시간

1. 재료를 얇게 슬라이스한다. 두꺼울수록 말리는 시간이 오래 걸리고, 바삭한 식감보다 쫄깃한 식감이 된다.
2. 건조대에 재료가 겹치지 않게 넓게 펴 올린다. 이때 맛을 더 하기 위해 시즈닝을 표면에 뿌려도 좋다.
3. 2~3시간에 한 번씩 건조대의 상하 위치를 바꿔주면, 고르게 건조될 수 있다. 0.3cm 두께로 썬 사과, 배, 키위 같은 과일을 기준으로 했을 때, 70℃에서 7~9시간 정도 건조시킨다.

ROAST : 오븐 활용하기

얇게 슬라이스한 재료를 열에 구워 칩을 만드는 방법으로, 주로 오븐을 사용한다. 재료 안의 수분이 잘 제거되도록 재료는 얇게 슬라이스하고, 오일로 가볍게 버무린 후 철판 위에 넓게 펴 올려 굽는다. 수분을 날리면서 구워야 하므로, 시간은 오래 걸리는 편이다.

1   오븐팬 위에 실리콘페이퍼(또는 종이호일)를 깔고, 오일을 준비한다. 오일을 사용할 때는 직접 넣어 버무리는 방법과 솔로 바르는 방법, 오일 분무기로 뿌리는 방법이 있으므로, 필요한 경우 솔이나 분무기를 따로 준비한다.

2   재료의 수분을 잘 닦는다.

3   재료를 알맞은 크기로 자른다.

4   볼에 재료를 담고 오일을 넣어 가볍게 버무린다.

5   취향에 맞는 시즈닝을 솔솔 뿌린 뒤 다시 가볍게 버무린다.

6   오븐팬 위의 실리콘페이퍼에 재료를 겹치지 않도록 넓게 펴 올린다. 재료에 맞는 온도와 시간으로 굽는다.

FRY : 튀김기 & 에어프라이어 활용하기

기름에 튀겨 칩 만들기

기름에 넣어 튀기는 것은 고소한 맛과 바삭한 식감을 내는데 좋은 방법이다. 시간이 적게 걸리고 맛도 훌륭하다. 하지만 기름기가 남게 되어 많은 양을 먹으면 질릴 수 있고, 오래 보관하지 못하는 단점이 있다.

1   재료를 얇게 슬라이스한다.
2   감자와 고구마와 같이 전분기가 많은 재료를 사용할 경우에는 물에 담가 제거하도록 한다. 그래야 바삭한 식감을 낼 수 있다.
3   재료의 물기를 잘 닦아 제거한다.
4   볼에 담고 시즈닝을 하여 가볍게 버무린다.
5   180℃ 이상의 오일에서 바삭하게 튀긴다.
6   간이 필요할 경우, 기름기를 제거한 후 뜨거울 때 한다.

에어프라이어로 칩 만들기

기름에 튀긴 후 기름을 처리하는 게 번거롭고, 기름 섭취에 대해 걱정이 된다면, 에어프라이어를 사용해보자. 얇게 썬 재료를 넣고 열판과 바람을 통해 튀기는 방법으로, 비교적 수분이 적은 재료가 알맞다. 기름에 튀기는 것에 비해 열량과 지방이 적기 때문에, 건강한 칩을 만들 수 있다.

1 재료를 준비한다. 씨가 있는 재료의 경우에 씨를 제거한다.
2 크기가 작고 얇은 재료는 2~3장 겹쳐 돌돌 말아도 좋다.
3 얇은 두께로 슬라이스한다.
4 에어프라이어 망 위에 재료가 겹치지 않도록 넣는다. 재료에 맞는 온도와 시간으로 튀긴다.

다양한 칩으로 생색내기

맛과 식감이 살아있는 보관법

아무리 칩의 수분을 제거하였다 해도 완벽히 제거된 상태가 아니므로, 시간이 지날수록 맛과 식감이 달라지게 된다. 그래서 보관법이 중요한데, 일반 저장용기일 경우 과자나 김 속에 들어있는 건조제를 같이 넣어주면 좋다. 비닐에 넣을 경우에는 고무밴드로 입구를 봉하지 말고, 전용 집게를 이용하여 공기를 차단하도록 한다. 선물로 사용하거나 오랫동안 보관할 경우는 가정용 실링기를 이용하여 입구를 막는다. 이때 진공 상태로 만들지는 않는다. 칩이 부서지거나 모양이 변형될 수 있다.

선물하기 좋은 포장법

건조시키거나 구워서 칩을 만들 때는 아무래도 한 번 만들 때 넉넉하게 만들게 된다. 게다가 칩에는 만드는 정성이 느껴져서 보는 것만으로도 기분이 좋아지기 때문에 선물하기에 적당하다. 칩 모양이 잘 보이도록 투명한 포장용기를 사용해서 예쁘게 담아보자.

1   표면에 창이 나있는 상자에 넣는다.

2   투명한 비닐에 넣고 입구를 리본으로 묶는다.

3   종이 봉투에 넣고 리본으로 묶는다.

4   작은 크기의 투명비닐에 나눠 넣는다.

5   투명용기를 재활용한다.

요리가 특별해지는 다양한 칩 활용법

칩은 그 자체로도 훌륭한 간식이자 술안주이지만, 다양한 요리의 토핑으로도 손색이 없다. 특히 과일칩은 달콤한 디저트에, 채소칩이나 건어물칩 등은 샌드위치나 샐러드 등의 요리에 활용하기에 좋다.

1	시리얼	새콤달콤한 과일칩을 시리얼 위에 올린다. 밋밋할 수 있는 시리얼 맛에 포인트를 줄 수 있다.
2	아이스크림	새콤달콤한 과일칩을 아이스크림 위에 꽂으면, 맛 뿐만 아니라 장식의 효과를 줄 수 있다.
3	샐러드	바삭한 감자, 연근, 고구마칩 등은 샐러드 토핑으로 제격. 바삭함이 식감에 포인트를 준다.
4	스프	부드럽고 고운 스프 위에는 버섯과 같이 쫄깃한 식감의 토핑을 올리면 훨씬 맛이 좋아진다.
5	샌드위치	바삭한 식감의 칩이 샌드위치에서 의외로 실력을 발휘한다. 눅눅해질 수 있는 샌드위치에 씹는 맛을 더한다.

Fruit
―――
Recipe

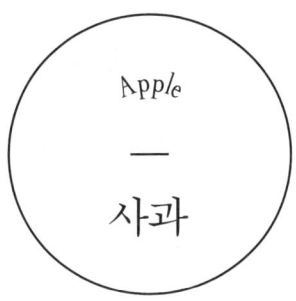

Apple
—
사과

Roast

재료 ○　　　사과 2개, 물 1컵, 설탕 1/2컵, 시나몬가루 약간

만드는 방법 ○
1　사과는 껍질째 깨끗이 씻은 뒤 씨를 길고 둥근틀을 눌러
　　제거하고, 0.3cm 두께로 슬라이스한다.
　　먼저 슬라이스한 후 동그란 틀로 찍어 씨를 제거해도 된다.
2　물과 설탕을 냄비에 넣어 녹인 후
　　사과를 1시간 정도 담가둔다.
3　사과를 건져 실리콘페이퍼(또는 유산지)를 깐
　　철판 위에 올린 후 시나몬가루를 뿌리고,
　　100℃로 예열된 오븐에서 1시간 동안 굽는다.
4　뒤집어서 다시 1시간 동안 구운 후 상온에서
　　30분 이상 두어 자연 건조시킨다.

Tip
―――――――――――――――――――――――――――――
단맛에 흥미를 보이기 시작하는 유아에게 만들어주면 좋은 간식입니다.
과일이 가지는 자연스러운 단맛을 맛볼 수 있어 좋은 식습관을 갖게 해줄 수 있어요.

Roast

재료 ○ 　　　　　배 2개, 레몬즙 약간

만드는 방법 ○ 　　1　배는 껍질째 깨끗이 씻은 뒤 씨를 제거하고,
　　　　　　　　　0.3cm 두께로 슬라이스한다. 먼저 슬라이스한 후
　　　　　　　　　동그란 틀로 찍어 씨를 제거해도 된다.
　　　　　　　2　철망 위에 넓게 펴 올리고 레몬즙을 살짝 뿌린다.
　　　　　　　3　180℃로 예열된 오븐에서 30분간,
　　　　　　　　　100℃로 온도를 내려 다시 30분간 굽는다.
　　　　　　　4　상온에서 30분 이상 두어 자연 건조시킨다.

Dry

재료   키위 5개

만드는 방법   1   키위는 껍질을 깎고 0.3cm 두께의 링 모양으로 썬다.
              2   식품건조기 판에 넓게 펴 올리고,
                  70℃에서 7시간 동안 건조시킨다.

Tip

입안에 넣는 순간 눈이 질끈 감길 정도로 응축된 새콤달콤함을 맛볼 수 있어요.
기분전환이 필요할 때 먹으면 좋아요.

Dry

재료 ○   딸기 20개, 슈가파우더 약간

만드는 방법 ○

1. 딸기는 베이킹파우더를 푼 물에 담가 10분간 둔다.
2. 딸기는 꼭지를 떼고 0.3cm 두께 세로 방향으로 슬라이스한다.
3. 식품건조기 판에 넓게 펴 올리고, 70℃에서 8시간 동안 건조시킨다.
4. 슈가파우더를 골고루 뿌린다.

Tip

아이스크림이나 빙수 위에 올리면,
색다른 디저트를 즐길 수 있어요.

오렌지 & 자몽

Roast

재료 ○   오렌지 1개, 자몽 1개, 슈가파우더 1/2컵

만드는 방법 ○
1. 오렌지와 자몽은 껍질을 깨끗이 닦은 후 0.3cm 두께의 링 모양으로 슬라이스한다.
2. 철망 위에 넓게 펴 올리고 슈가파우더를 체로 쳐서 골고루 뿌린다.
3. 180℃로 예열된 오븐에서 30분간, 150℃로 온도를 내려 다시 40분간 굽는다.
4. 상온에서 30분 이상 두어 자연 건조시킨다.

Tip

껍질째 먹어야 하므로, 껍질을 깨끗이 씻어야 해요.
굵은 소금으로 박박 문질러 닦은 후, 베이킹소다를 약간 푼 물에 담가 10분 이상 두세요.

바나나

Dry & Fry

재료 ○   바나나 3개, 식용유 적당량, 시나몬가루 1작은술

만드는 방법 ○
1. 바나나는 0.5cm 두께의 링 모양으로 썬다.
2. 식품건조기 판에 넓게 펴 올리고, 70℃에서 2시간 동안 건조시킨다.
3. 달군 식용유에 넣어 노릇하게 튀긴 후 키친타월에 올려 기름기를 제거한다.
4. 시나몬가루를 골고루 뿌린다.

Tip

건조시킨 바나나칩도 맛이 있지만, 이것을 튀기면 바나나 안의 수분이 쫄깃한 식감으로 변해서 색다른 바나나칩이 완성됩니다.

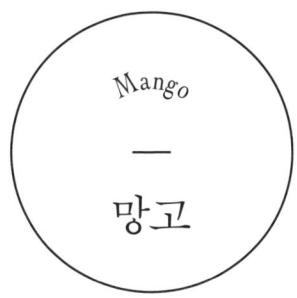

망고

Roast

재료 ○　　　망고 3개, 레몬즙 약간

만드는 방법 ○
1　망고는 껍질을 벗기고, 세로 방향으로 0.3cm 두께가 되도록 슬라이스한다.
2　실리콘페이퍼를 깐 오븐팬에 올리고 레몬즙을 뿌린다.
3　180℃로 예열된 오븐에서 30분간 구운 후 뒤집어서, 100℃도로 낮춰 30분간 굽는다.
4　상온에서 30분 이상 두어 자연 건조시킨다.

Tip

망고는 가운데 넓적한 씨가 있어요. 넓적한 씨를 따라 먼저 썬 후,
도마 위에 올려 슬라이스하면 편리해요.

Dry

재료 ○   파인애플 1통

만드는 방법 ○
1. 파인애플은 껍질을 제거하고 가운데 심을 동그란 틀로 찍어 제거한다.
2. 0.3cm 두께로 얇게 썬다.
3. 식품건조기 판에 넓게 펴 올리고, 70℃에서 8시간 동안 건조시킨다.

Roast

재료 ○ 　　　　　무화과 5개

만드는 방법 ○　1　무화과는 껍질을 깨끗이 씻어 줄기 부분을 자른 후 세로 방향으로 0.3cm 두께가 되도록 슬라이스한다.
　　　　　　　　2　철망 위에 넓게 펴 올리고 180℃로 예열된 오븐에서 30분간, 150℃로 온도를 내려 다시 30분간 굽는다.
　　　　　　　　3　상온에서 30분 이상 두어 자연 건조시킨다.

Tip

무화과의 쓴맛이 걸린다면, 슈가파우더를 뿌려 구워도 좋아요.
새콤한 딥과 함께 먹으면 쓴맛이 더욱 매력적으로 다가옵니다.

용과
Dragon fruit

Dry

재료 ○   용과 2개, 레몬즙 약간

만드는 방법 ○

1. 용과는 껍질째 깨끗이 씻은 후, 0.3cm 두께의 링 모양으로 슬라이스한다.
2. 식품건조기 판에 넓게 펴 올리고, 레몬즙을 뿌린다. 70℃에서 6시간 동안 건조시킨다.

Tip

자칫 밋밋할 수 있는 용과엔 새콤달콤한 딥을 곁들이면 좋아요.

Fry

재료 ○   아보카도 1개, 달걀물(달걀 1개분), 밀가루 1/4컵,
                빵가루 2컵, 오일 약간, 파슬리가루 · 후춧가루 약간씩

만드는 방법 ○   1   아보카도는 반으로 잘라 씨를 제거한다.
                      껍질 안에서 0.3cm 두께로 슬라이스한 후
                      껍질을 위로 눌러 과육을 떼어낸다.
              2   빵가루에 파슬리가루, 후춧가루를 넣어 섞는다.
              3   밀가루, 달걀물, 2 순으로 옷을 입힌 후
                      오일을 분무기로 살짝 뿌린다.
              4   에어프라이어에 넣어 200℃로 10분간 튀긴다.

Fry

재료 ○　　　깐 밤 10개, 대추 30개, 오일 약간

만드는 방법 ○　　1　밤은 껍질을 제거하고 최대한 얇게 슬라이스 한다.

2　오일을 분무기로 뿌리고 에어프라이어로 200℃에서 5분간 튀긴다.

3　대추는 씨를 제거한 후 2개를 겹쳐 돌돌 만다. 0.3cm 두께 링 모양으로 썬다.

4　오일을 분무기로 뿌리고 에어프라이어로 180℃에서 10분간 튀긴다.

Tip

담백한 맛의 밤칩과 달달한 맛의 대추칩을 섞으면 밸런스가 좋아요.

Vegetable

Recipe

마늘 & 생강

Fry

재료 ○   마늘 10쪽, 생강 10쪽, 식용유 적당량,
고운 고춧가루 · 소금 약간씩

만드는 방법 ○

1. 마늘은 0.2cm 두께로 편 썰어 물에 10분간 담갔다가 키친타월로 물기를 닦는다.
2. 생강도 같은 두께로 편 썰어 물에 10분간 담갔다가 키친타월로 물기를 닦는다.
3. 달군 식용유에 바삭하게 튀긴 후, 키친타월에 올려 기름기를 뺀다.
4. 뜨거울 때 마늘에는 고운 고춧가루와 소금을, 생강에는 소금을 뿌린다.

Tip

양념으로만 쓰던 마늘과 생강을 칩으로 만들어 즐겨 보세요.
샐러드, 샌드위치, 볶음 요리 등에 활용하기도 좋아요.

당근 & 꽈리고추

Fry

재료 ○ 　　당근 1개, 꽈리고추 2줌, 쌀가루 5큰술,
　　　　　　소금 약간, 식용유 적당량

만드는 방법 ○ 　1　당근은 수세미로 껍질을 닦아 씻은 후,
　　　　　　　　 세로 방향으로 필러로 편 썬다.
　　　　　　2　꽈리고추는 꼭지를 떼고,
　　　　　　　　 이쑤시개로 표면에 구멍을 3~4개씩 뚫는다.
　　　　　　3　당근과 꽈리고추에 소금과 쌀가루를 가볍게 뿌려 묻힌다.
　　　　　　4　오일을 분무기로 뿌리고 각각 에어프라이어로
　　　　　　　　 200℃에서 10분간 튀긴다.

Tip

달달한 당근칩과 매콤한 꽈리고추칩을 함께 먹으면 은근히 밸런스가 좋아요.
어떤 딥보다도 소금에 살짝 찍어먹는 게 가장 맛있어요.

Onion — 양파

Fry

재료 ○   양파 2개, 빵가루 1/2컵, 파슬리가루 약간, 오일 약간

만드는 방법 ○
1   양파는 세로 방향으로 8등분하여 한 장씩 분리한다.
2   양파에 오일을 넣어 가볍게 무친 후,
      빵가루와 파슬리가루를 넣어 가볍게 버무린다.
3   에어프라이어에 180℃로 15분간 튀긴다.

래디시

Roast

재료 ○   래디시 15알, 카레가루 2작은술, 갈릭파우더 2작은술,
파프리카파우더(또는 고운 고춧가루) 2작은술,
오일 · 소금 · 후춧가루 약간씩

만드는 방법 ○
1. 래디시는 껍질째 깨끗이 씻어, 0.3cm 두께로 편 썬다.
2. 편 썬 래디시 5개 분량에 오일 1큰술과
카레가루 2작은술을 넣고 가볍게 버무린다.
마찬가지로 방법으로 갈릭파우더와
파프리카파우더를 각각 넣고 버무린다.
3. 실리콘페이퍼를 깐 오븐팬에 래디시를 넓게 펴 올린다.
4. 180℃로 예열된 오븐에 넣어 15분간 구운 후,
100℃로 낮춰 20분간 더 굽는다.

Dry & Fry

재료 ○ 애호박 3개, 파마산치즈가루 1큰술,
들깨가루 2큰술, 큐민 2작은술, 오일 적당량

만드는 방법 ○
1 애호박은 0.3cm 두께로 슬라이스하고 키친타월로 물기를 닦는다.
2 식품건조기 판 위에 애호박을 올린 후, 애호박 1개분마다 파마산치즈가루, 들깨가루, 큐민을 각각 약간씩 뿌린다.
3 70℃에서 4시간 동안 건조시킨 후 오일에 살짝 튀겨낸다.

Tip

밋밋할 수 있는 호박에 다양한 시즈닝으로 맛을 더했어요.
건조된 애호박을 다시 한 번 가볍게 튀겨주세요.

Fry

재료   가지 3개, 달걀물(달걀 1개분), 밀가루 5큰술,
빵가루(습식) 2컵, 파마산치즈가루 3큰술,
파슬리가루 1큰술, 오일 약간, 후춧가루 약간

만드는 방법   1   가지는 2등분한 후, 0.3cm 두께로
길이 방향으로 편 썬다.
2   빵가루는 파마산치즈가루, 파슬리가루,
후춧가루를 섞어둔다.
3   가지에 밀가루, 달걀물, 2 순으로 옷을 입힌다.
4   오일을 분무기로 뿌린 후, 에어프라이어에
180℃로 10분간, 200℃도로 5분간 튀긴다.

Roast

재료 ○   미니 파프리카 10개, 올리브오일 3큰술,
파마산치즈가루 3큰술, 파슬리가루 · 소금 약간씩

만드는 방법 ○

1. 파프리카는 0.3cm 두께로 얇게 썰어 키친타월로 물기를 닦는다.
2. 올리브오일, 파마산치즈가루, 파슬리가루를 뿌려 가볍게 버무린다.
3. 실리콘페이퍼를 깐 오븐팬에 파프리카를 겹치지 않게 올린다.
4. 180℃로 예열된 오븐에서 30분간 구운 후, 100℃로 내려 20분간 더 굽는다. 소금으로 살짝 간한다.

Tip

올망졸망한 한입 크기의 파프리카칩은 은은하게 알싸한 맛이 매력이에요.
샐러드 토핑으로 사용해도 좋아요.

Dry & Fry

재료 ○   오크라 20개, 식용유 적당량, 소금 약간

만드는 방법 ○

1   오크라는 꼭지를 떼어내고 길이 방향으로 이등분한다.
2   식품건조기 판에 넓게 올린 후 70℃로 3시간 동안 건조시킨다.
3   오일에 가볍게 튀긴 후, 뜨거울 때 소금을 뿌린다.

Tip

오크라를 건조시키면 끈끈한 점액질이 없어져요. 건조시킨 후 가볍게 튀겨 바삭하게 만들어 주세요. 소금을 약간 뿌리면 쌉쌀한 맛이 더욱 매력적으로 느껴져요.

감자 & 고구마

Fry

재료 ○   감자 2개, 고구마 2개, 전분가루 1/3컵,
         식용유 적당량, 소금·파슬리가루 약간씩

만드는 방법 ○   1   감자는 와플슬라이서로 얇게 썰어 찬물에 10분간 담가,
              녹말기를 제거한다. 키친타월로 물기를 닦는다.
          2   고구마는 회전채칼로 얇게 편 썰어 찬물에 10분간 담가,
              녹말기를 제거한다. 물기를 완전히 제거한 후
              전분가루를 넣어 가볍게 버무린다.
          3   식용유에 바삭하게 각각 튀긴 후 키친타월에 올려
              기름기를 뺀다.
          4   뜨거울 때 소금과 파슬리가루를 뿌린다.

단호박

Roast

재료 ○   단호박 1/2개, 오일·소금 약간씩

만드는 방법 ○
1 단호박은 껍질째 깨끗이 씻어 속과 씨를 파낸다. 0.3cm 두께로 얇게 썬다.
2 오븐 철망 위에 넓게 올린 후, 오일을 분무기로 뿌리고 소금을 뿌린다.
3 180℃로 예열된 오븐에서 20분간 구운 후, 뒤집어서 150℃로 낮춰 20분간 더 굽는다.
4 상온에서 30분간 자연 건조시킨다.

Tip

단단한 단호박은 전자레인지에 2분간 돌려 부드럽게 만든 후 손질하면 편해요.
껍질째 잘라 동글동글한 모양을 만들어 주세요.

우엉 & 연근

Fry

재료 ○　　연근 1개, 우엉 1대, 소금 1작은술, 식용유 적당량

만드는 방법 ○
1. 연근은 껍질을 벗긴 후 0.2cm 두께로 얇게 썰어 식초물에 10분간 담갔다 꺼내 키친타월로 물기를 닦는다.
2. 우엉은 수세미로 껍질을 가볍게 벗긴 후, 0.2cm 두께로 어슷 썬다.
3. 식용유에 넣어 노릇하게 튀긴 후 키친타월에 올려 기름기를 제거하고, 뜨거울 때 소금을 솔솔 뿌린다.

Tip

뿌리채소가 가지는 깊고 진한 맛을 칩으로 즐겨보세요.
그대로 먹어도 좋지만, 따뜻할 때 소금에 찍어먹으면 한층 깊은 맛이 납니다.

Roast

재료 ◯　비트 1개, 올리브오일 2작은술, 소금 약간

만드는 방법 ◯
1. 비트는 껍질을 벗겨, 0.2cm 두께의 링 모양으로 썬다.
2. 실리콘페이퍼를 깐 오븐팬 위에 비트를 넓게 올린 후, 올리브오일을 솔로 바르고 소금을 고르게 뿌린다.
3. 180℃로 예열된 오븐에서 20분간 구운 후, 뒤집어 150℃로 낮춰 20분간 더 굽는다.
4. 상온에서 30분간 자연 건조시킨다.

Tip
고소한 마요 베이스 딥이나 크림 베이스 딥에 찍어 먹어도 좋아요.

잎채소 — Leaf Vegetable

Roast

재료 ○ 　　겨자잎 · 비트잎 · 로메인 · 루꼴라 각 10장씩,
　　　　　파프리카파우더(또는 고운 고춧가루), 소금 · 오일 약간

만드는 방법 ○　　1　각 잎채소는 흐르는 물에 가볍게 씻은 후
　　　　　　　　　키친타월로 물기를 닦는다.
　　　　　　　2　크기가 큰 잎은 손으로 적당히 자르고,
　　　　　　　　　작은 잎은 그대로 오일과 파프리카파우더를 넣어
　　　　　　　　　고르게 버무린다.
　　　　　　　3　철망 위에 올려 100℃로 예열된 오븐에서
　　　　　　　　　3분 동안 구운 후, 50℃로 낮춰 15분간 굽는다.

그린빈스

Roast

재료 ○   그린빈스 30개, 달걀물(달걀 1개분), 빵가루 1/2컵,
파마산치즈가루 3큰술, 밀가루 적당량, 오일·소금 약간씩

만드는 방법 ○
1. 그린빈스는 꼭지를 떼고 씻은 후 키친타월로 물기를 닦는다.
2. 빵가루, 파마산치즈가루, 소금을 섞는다.
3. 밀가루, 달걀물, 2 순으로 옷을 입힌 후 실리콘페이퍼를 깐 오븐팬 위에 넓게 올린다.
4. 오일을 분무기로 뿌린다.
5. 180℃로 예열된 오븐에서 10분간 구운 후 뒤집어서 다시 10분간 굽는다.

Fry

재료 ○ 　　아스파라거스 20개, 쌀가루 3큰술, 소금 약간,
　　　　　 식용유 적당량

만드는 방법 ○ 　1　아스파라거스는 섬유질을 제거한 후 흐르는 물에
　　　　　　　　　가볍게 씻은 다음, 키친타월로 물기를 제거한다.
　　　　　　　2　쌀가루와 소금으로 가볍게 버무린 후
　　　　　　　　　달군 식용유에 바삭하게 튀긴다.
　　　　　　　3　키친타월 위에 올려 기름기를 제거한다.

Roast

재료 ○   표고버섯 · 백만송이버섯 · 새송이버섯 적당량,
올리브오일 5큰술, 소금 · 후춧가루 ·
파마산치즈가루 약간씩

만드는 방법 ○

1. 버섯은 밑둥을 제거하고, 0.3cm 두께로 편 썬다.
2. 버섯에 올리브오일, 소금, 후춧가루,
파마산치즈가루를 넣어 가볍게 버무린다.
3. 180℃로 예열된 오븐에서 10분간 구운 후 뒤집고,
80℃로 낮춰 30분간 더 굽는다.
4. 상온에서 30분간 자연 건조시킨다.

Tip

씹으면 씹을수록 고소한 맛과 깊은 맛을 가진 버섯칩.
파마산치즈가루로 고소함을 더했어요.

대저 토마토

Roast

재료 ○　　대저토마토 5개, 올리브오일 · 바질파우더 · 소금 약간씩

만드는 방법 ○
1　토마토는 0.4cm 두께의 링 모양으로 썰어 오븐 철망 위에 올린다.
2　올리브오일을 분무기로 고르게 뿌리고, 바질파우더와 소금을 가볍게 뿌린다.
3　180℃로 예열된 오븐에서 20분간 구운 후 뒤집는다.
4　100℃로 낮춰 20분간 더 구운 후 상온에서 30분간 자연 건조시킨다.

Tip

쫄깃하고 깊은 맛의 토마토칩.
샌드위치에 넣어 먹거나 파스타와 샐러드 등에 응용해도 좋아요.

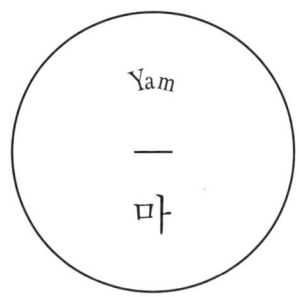

Dry

재료 ○   마 1개, 소금 약간

만드는 방법 ○
1. 마는 껍질을 벗기고 0.3cm 두께의 링 모양으로 썬다.
2. 식품건조기 판 위에 넓게 올리고, 소금을 약간 뿌린다.
3. 70℃로 4시간 동안 건조시킨다.

Tip

새하얀 마를 건조시키면 표면이 오돌토돌해져요. 깨물어 먹는 순간 마의 진한 맛을 느낄 수 있는데, 마요 베이스 딥이나 크림 베이스 딥을 곁들이면 의외로 맛이 좋아요.

Special

Recipe

Fry

재료 ○   라이스페이퍼 5장, 춘권피 5장, 식용유 적당량

만드는 방법 ○   1   라이스페이퍼는 2cm 폭으로 길게 자르고,
춘권피는 4등분한 후 대각선으로 다시 잘라
삼각형 모양을 만든다.

2   달궈진 식용유에 재료를 넣고
부풀어 오를 정도로만 튀긴다.

Tip
기름에 넣는 순간 순식간에 부풀어오르는 라이스페이퍼칩과 춘권피칩.
요거트를 이용한 딥에 찍어 먹으면, 한 소쿠리가 금세 바닥나요.

Roast

재료
토르티야 10장, 고르곤졸라치즈 5큰술, 카레가루 3큰술, 파프리카가루(또는 고춧가루) 3큰술, 파슬리가루 1큰술, 파마산치즈가루 3큰술, 올리브오일 적당량

만드는 방법
1. 토르티야 10장을 각각 8등분하여 자른다.
2. 오븐 철망 위에 넓게 올리고, 토르티야 2장분 위에 고르졸라치즈를 올린다.
3. 나머지 토르티야 8장분에는 오일을 분무기로 뿌리고, 2장분마다 각각 카레가루, 파프리카가루, 파마산치즈가루, 파슬리가루를 올린다.
4. 180℃로 예열된 오븐에서 15분간 굽는다.

Tip
다양한 시즈닝으로 맛을 내어 취향대로 골라먹는 토르티야칩. 남녀노소 좋아하기 때문에 홈 파티 음식으로 좋아요.

바게트

Roast

재료 ○ 　　바게트 10조각, 올리브오일 5큰술, 갈릭파우더 3큰술,
　　　　　파마산치즈가루 3큰술

만드는 방법 ○　1　바게트에 올리브오일, 갈릭파우더,
　　　　　　　　　파마산치즈가루를 넣고 가볍게 버무린다.
　　　　　　　2　200℃로 예열된 오븐에서 10분간 굽는다.

Tip

먹다 남은 바게트가 있다면, 오븐에 바삭하게 구워 칩을 만들어보세요.
남김없이 먹을 수 있어요.

나초

Roast

재료 ○   나초 20개, 체다치즈 5장, 베이컨 2장,
파슬리가루 · 후춧가루 약간씩

만드는 방법 ○
1. 체다치즈는 4등분하여 나초 위에 올린다.
2. 그 위에 베이컨을 곱게 다져 올리고, 파슬리가루, 후춧가루를 가볍게 뿌린다.
3. 200℃로 예열된 오븐에서 15분간 굽는다.

Roast & Dry

재료 ○　식빵 2장, 설탕 4큰술, 물엿 2큰술,
우유 3큰술, 버터 1큰술

만드는 방법 ○
1. 식빵을 길게 자른 후 마른 팬에 바삭하게 굽는다.
2. 냄비에 설탕, 물엿을 넣고 끓이다가 설탕이 녹으면 우유와 버터를 넣고 젓는다.
3. 식빵을 넣어 가볍게 버무린 후 철망 위에 올려 10분간 자연 건조시킨다.

Tip

설탕이 캐러멜화되어 달콤한 맛이 배가 되었어요.
자투리 식빵으로 만들면 좋아요.

Roast

재료 ○ 체다치즈 10장, 바질가루 약간

만드는 방법 ○　1　체다치즈를 길게 4~5등분 한다.
　　　　　　　2　실리콘페이퍼를 깐 오븐팬에 체다치즈를 가지런히 올린 후, 절반에만 바질가루를 뿌린다.
　　　　　　　3.　200℃로 예열된 오븐에서 10분간 굽는다.

Roast

재료 ○   파마산치즈 100g

만드는 방법 ○
1. 파마산치즈는 그레이터로 곱게 간 후 마른 팬 위에 동그랗고 얇게 올린다.
2. 약한 불에서 치즈가 녹을 정도로 굽는다.

Tip

샐러드, 파스타, 스프 등 다양한 요리에 활용하기 좋아요.
짭조름한 맛이 살아있어 그대로 집어 먹어도 이만한 안주가 없어요.

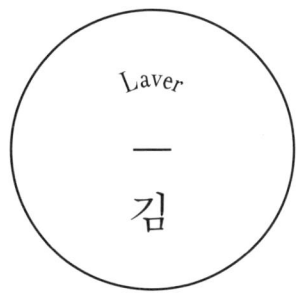

김 / Laver

Dry

재료 김 5장, 찹쌀가루 5큰술, 물 1/2컵, 소금 약간

만드는 방법
1. 김은 한입 크기로 자른다.
2. 물에 찹쌀가루를 넣고 가볍게 끓여 농도를 낸 후 소금으로 간을 한다. 완전히 식힌다.
3. 김 위에 **2**를 얇게 바르고 식품건조기 판 위에 넓게 올린다.
4. 70℃로 1시간 동안 건조시킨다.

Tip

김칩을 간장에 찍어 먹으면, 색다른 맛을 맛볼 수 있어요.
눅눅해진 김이 있다면 활용해보세요.

코코넛

Dry

재료 ○   코코넛가루 2컵, 달걀 흰자 2개분, 소금 약간

만드는 방법 ○
1　코코넛가루에 달걀 흰자를 넣고 가볍게 버무린다.
2　소금으로 약하게 간을 한다.
3　식품건조기 판 위에 동그란 모양으로 올린 후 70℃로 2시간 동안 건조시킨다.

Fry

재료 ○　　불린 미역 2컵, 찹쌀가루 1/3컵, 고운 고춧가루 약간

만드는 방법 ○
1　불린 미역은 한입 길이로 자르고 키친타월로 물기를 닦는다.
2　미역에 찹쌀가루를 넣고 가볍게 버무린다.
3　에어프라이에 넓게 펴 올리고 고운 고춧가루를 가볍게 뿌린다.
4　180℃로 10분간 튀긴다.

Tip

얇은 미역이 바삭바삭하게, 그리고 매콤한 맛으로 완성되었어요.
불린 미역을 기름에 튀기는 것은 위험할 수 있으므로 에어프라이어를 권장해요.

베이컨

Roast

재료 ○　　　　베이컨 10장, 황설탕 1/3컵

만드는 방법 ○　　1　베이컨의 양면에 황설탕을 살짝 묻혀 실리콘페이퍼를 깐 오븐팬 위에 올린다.
　　　　　　　　2　180℃로 예열된 오븐에서 20분간 굽는다.

Tip

대만 여행에서 먹었던 육포를 떠올리며 만든 베이컨칩.
황설탕을 뿌리면 색도 빨리 날 뿐 아니라, 달달한 맛이 더해져 색다르게 즐길 수 있어요

Roast

재료 ○ 페퍼로니 20장, 스팸 1캔, 빵가루 · 파슬리가루 약간

만드는 방법 ○
1. 페퍼로니는 철망 위에 올려 200℃로 예열된 오븐에서 7분간 굽는다.
2. 스팸은 0.2cm 두께로 썰어 빵가루와 파슬리가루로 가볍게 버무린다. 철망 위에 올려 180℃로 예열된 오븐에서 10분간 굽는다.

Tip

취향에 따라 다양한 시즈닝을 곁들이면 좀 더 강렬한 맛을 즐길 수 있어요.

만두피
Dumpling Skin

Fry

재료 ○   만두피 10장, 보리새우 1/3컵, 가츠오부시 1/3컵,
달걀물(달걀 1개분), 오일 적당량

만드는 방법 ○
1. 각각의 만두피를 6등분으로 자른다.
2. 보리새우와 가츠오부시를 곱게 간다.
3. 만두피 위에 달걀물을 얇게 바르고 **2**를 솔솔 뿌린다.
4. 분무기로 오일을 뿌린 후,
에어프라이어에 160℃로 7분간 튀긴다.

Tip

냉동실 한켠에 보관 중이던 만두피를 활용해보았어요.
보리새우와 가츠오부시를 가루로 갈아 감칠맛을 더했어요.

진미채

Fry

재료 ○   진미채 200g, 밀가루 1/2컵, 쌀가루 1/2컵,
          갈릭파우더 2큰술, 물 약간, 고운 고춧가루 약간,
          식용유 적당량

만드는 방법 ○   1   진미채는 물에 적신 후 30분간 그대로 두었다가
                   키친타월로 물기를 닦는다.
              2   밀가루, 쌀가루, 갈릭파우더에 물을 넣어 반죽을 한다.
              3   진미채를 2에 넣어 가볍게 옷을 입힌 후
                   달군 식용유에 넣어 노릇하게 튀긴다.
              4   따뜻할 때 고운 고춧가루를 뿌려낸다.

Tip

진미채를 부드럽게 만든 후 튀기는 게 포인트에요. 겉은 바삭하지만, 안은 부드러워야
먹기 좋아요. 마요 베이스 딥이나 크림 베이스 딥이 특히 어울려요.

뱅어포

Roast

재료 ○ 뱅어포 6장, 김 3장, 찹쌀가루 5큰술,
물 1/2컵, 오일 약간, 소금 약간

만드는 방법 ○
1. 뱅어포는 2등분하고, 김은 4등분한다.
2. 찹쌀가루, 물을 냄비에 넣고 끓여 농도를 낸 후 차게 식힌다.
3. 뱅어포에 2의 찹쌀풀을 얇게 바르고 김을 올린다.
4. 오일을 분무기로 뿌린 후 180℃로 예열된 오븐에 10분간 굽는다. 4등분한다.

두부

Roast

재료 ○　　두부 1모, 시치미 · 소금 · 오일 약간씩

만드는 방법 ○
1　두부는 0.3cm 두께, 2cm×5cm 크기로 잘라 소금을 약간 뿌린다.
2　10분 후에 키친타월로 물기를 제거한다.
3　실리콘페이퍼를 깐 오븐팬 위에 두부를 펴 올린 후 오일을 분무기로 뿌린다.
4　시치미를 솔솔 뿌리고 180℃로 예열된 오븐에 15분간 굽는다. 뒤집어서 다시 10분간 굽는다.

Tip

고소한 두부가 얇게 구워져 더욱 고소하게 변했어요.
아이들 간식이라면 시치미 대신 들깨가루를 뿌려도 좋아요.

쥐포&어묵

Fry

재료 ○   쥐포 5장, 어묵 5장, 식용유 적당량

만드는 방법 ○   1   쥐포와 어묵은 1cm 폭으로 길게 자른다.
              2   달군 식용유에 어묵을 먼저 바삭하게 튀기고
                  키친타월 위에 올려 기름기를 제거한다.
              3   달군 식용유에 쥐포를 넣어 갈색이 나도록 튀기고
                  키친타월 위에 올려 기름기를 제거한다.

누룽지

Crust Of Overcooked Rice

Fry

재료 ○ 누룽지 3줌, 설탕 약간, 식용유 적당량

만드는 방법 ○
1. 누룽지는 한입 크기로 자른다.
2. 달군 식용유에 누룽지를 바삭하게 튀기고 키친타월 위에 올려 기름기를 제거한다.
3. 따뜻할 때 설탕을 솔솔 뿌려낸다.

Tip

찬밥을 누룽지로 만들어 보관해두었다 해도 누룽지를 끓여 먹는 날은 그리 많지 않아요.
이럴 땐 달콤한 누룽지칩을 만들어보세요.

허니아몬드

<u>Dry</u>

재료 ○   아몬드 슬라이스 3컵, 버터 2큰술,
물 1/2컵, 설탕 1/2컵, 소금 약간

만드는 방법 ○
1. 물과 설탕을 냄비에 넣고 끓인다.
2. 1에 아몬드 슬라이스를 넣어 가볍게 버무리고 소금을 약간 넣어 간한다.
3. 버터를 넣고 다시 가볍게 버무린 후 동그랗게 모양을 만들어 쟁반에 올린다.
4. 상온에서 30분 이상 자연 건조시킨다.

훈제연어

Dry

재료 ○　　훈제연어 10장

만드는 방법 ○　1　훈제연어를 길이 방향으로 이등분한다.
　　　　　　　2　식품건조기 판 위에 올린 후
　　　　　　　　　70℃로 3시간 동안 건조시킨다.

Tip

얇게 편으로 썬 훈제연어를 그대로 건조시키기만 해도, 담백한 맛의 연어칩이 완성돼요.
사워 크림과 취향에 맞는 허브를 곁들여 보세요.

Sauce & Dip
Base

마요 베이스
Mayo Base

마요네즈는 30% 정도의 지방을 가진 달걀노른자에 오일과 식초를 섞은 후, 소금과 향신료 등으로 조미하여 만든 소스이다. 보통 기름과 물을 섞으면 분리되지만 달걀노른자라는 '유화제'를 넣음으로써 걸쭉하고 단단한 소스로 변신하게 된다. 훌륭한 맛의 시판품을 이용해도 되고, 직접 만들어 사용할 수도 있다.

그대로 먹어도 완성도가 높은 마요네즈에 다양한 재료를 넣어 응용해보자. 가루 혹은 페이스트 상태의 재료를 소형 거품기로 섞어 사용한다. 칩 맛이 너무 죽지 않도록 많은 양의 재료를 넣지 않도록 한다. 적당한 농도가 되도록 레몬즙, 라임즙과 같은 액체 재료를 넣어 조절하면 된다.

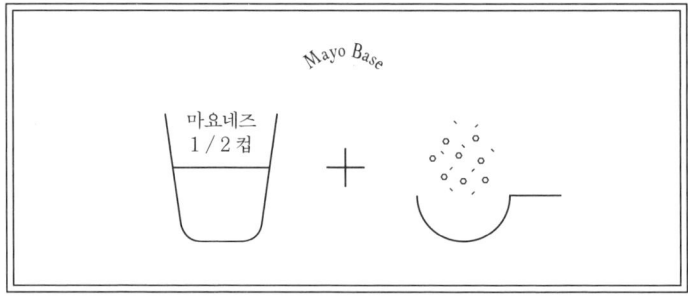

| 1 | 와사비 |

마요네즈 1/2컵, 와사비 2작은술, 라임즙 2작은술, 굵은 후춧가루 약간

| 2 | 커리 |

마요네즈 1/2컵, 카레가루 2큰술, 사워 크림 1/2컵

| 3 | 튜나 |

마요네즈 1/2컵, 참치캔 4큰술, 레몬즙 1/2큰술, 파슬리가루 약간

| 4 | 바질 |

마요네즈 1/2컵, 바질페이스트 4큰술, 다진 생바질잎 3큰술

| 5 | 갈릭 |

마요네즈 1/2컵, 구운 마늘 5개분 슬라이스, 레몬즙 1작은술, 파마산 치즈가루 2큰술, 생크림 4큰술

| 6 | 아보카도 |

마요네즈 1/2컵, 다진 아보카도 3큰술, 생크림 2큰술, 다진 양파 1큰술, 굵은 후춧가루 약간

| 7 | 달걀 |

마요네즈 1/2컵, 삶은 달걀 노른자 1개분, 레몬즙 1작은술, 굵은 후춧가루 약간

| 8 | 엔초비 |

마요네즈 1/2컵, 다진 엔초비 3마리, 파마산치즈가루 2큰술

9	소이
마요네즈 1/2컵, 간장 1/2큰술, 굴소스 1작은술, 참깨가루 2큰술	

10	디종
마요네즈 1/2컵, 머스터드 1큰술, 요거트 2큰술, 씨겨자 1작은술, 설탕 1/2큰술	

11	명란
마요네즈 1/2컵, 명란 1덩어리분, 레몬즙 1큰술	

12	할라페뇨
마요네즈 1/2컵, 다진 할라페뇨 3큰술, 설탕 1작은술	

크림 베이스
Cream Base

요거트, 사워 크림, 생크림과 같은 크리미한 재료는 부드러운 맛을 가지고 있어, 딥으로 사용하면 좋다.

요거트는 신맛과 상쾌한 풍미를 가진다. 발효유의 일종으로 우유류에 젖산균을 접종, 발효시켜 응고시킨 제품이다. 다양한 맛이 판매되고 있지만, 첨가된 맛이 없는 플레인을 사용하는 것이 맛을 더하는 데 좋다. 사워 크림은 생크림을 발효시켜 새콤한 맛이 나는 크림으로, 생크림보다 걸쭉하고 새콤한 맛이 강하다. 생크림은 우유에서 비중이 적은 지방분만을 원심분리하여 살균충전한 재료로, 단맛이 첨가되지 않은 제품을 사용하도록 한다.

그대로 사용해도 좋지만, 갖가지 재료를 넣어 응용해보자. 또한 농도가 있어, 딥으로 손쉽게 만들 수 있다.

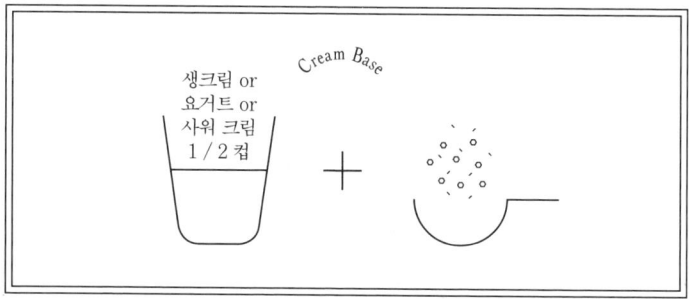

1	단호박

생크림 1/2컵, 으깬 삶은 단호박 3큰술, 넛맥가루 1/4작은술

2	홀스래디시

요거트 1/2컵, 씨겨자 1작은술, 홀스래디시 1/2큰술, 설탕 1작은술

3	사워

사워 크림 1/2컵, 라임즙 1/2큰술, 꿀 1/2큰술, 허브 약간

4	견과류

요거트 1/2컵, 다진 땅콩 1큰술, 다진 아몬드 1큰술, 피스타치오 1/2큰술, 다진 호두 1/2큰술, 꿀 1/2큰술

5	살구잼

요거트 1/2컵, 살구잼 3큰술

6	고르곤졸라

생크림 1/2컵, 고르곤졸라 3큰술, 파마산치즈가루 3큰술

7	파마산

사워 크림 1/2컵, 파마산치즈가루 4큰술, 씨겨자 1/2큰술

8	엔초비

생크림 1/2컵, 엔초비페이스트 2큰술, 파마산치즈가루 3큰술, 다진 양파 2큰술, 후춧가루 약간

| 9 | 옐로치즈 |

생크림 1/2컵, 체다치즈 1장, 파마산치즈가루 1큰술 ※가볍게 끓여 사용한다.

| 10 | 진저 |

요거트 1/2컵, 다진 초생강 2작은술, 생강가루 1작은술, 꿀 1/2큰술

| 11 | 코코아 |

사워 크림 1/2컵, 코코아가루 3큰술, 꿀 1큰술

| 12 | 파슬리크림치즈 |

생크림 1/2컵, 크림치즈 3큰술, 파슬리가루 1작은술, 파마산치즈가루 2큰술

오일 베이스
Oil Base

오일에 갖가지 재료를 넣어 믹서로 갈거나, 섞어서 사용한다. 오일은 올리브오일과 같이 향이 강한 것보다, 카놀라유 혹은 현미유와 같이 향이 적은 오일을 사용하는 것이 좋다. 오일에 재료를 넣고 소형 거품기로 잘 섞어 분리되지 않도록 한다. 시간이 지나면 재료가 오일 안에서 가라앉으므로, 먹을 때는 잘 저어 내도록 한다.

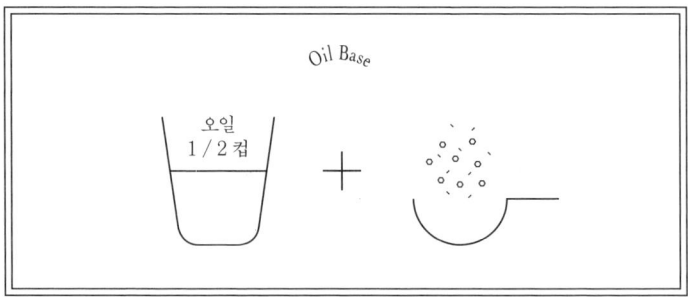

1	바질

오일 1/2컵, 바질 1컵, 잣 1/4컵, 파마산치즈가루 3큰술, 소금 1/4 작은술, 후추 약간 ※믹서로 간다.

2	두부

오일 1/2컵, 두부 1/4모, 레몬즙 3큰술, 설탕 1큰술, 참깨 3큰술, 소금 1/4작은술 ※믹서로 간다.

3	병아리콩

오일 1/2컵, 삶은 병아리콩 1/4컵, 큐민 약간, 참깨 1큰술, 고운 고춧가루 약간 ※믹서로 간다.

4	두반장

오일 1/2컵, 두반장 2큰술, 다진 마늘 1큰술, 다진 양파 5큰술, 설탕 1큰술, 후추 약간

6	토마토살사

오일 1/2컵, 다진 토마토 1개분, 식초 3큰술, 다진 양파 1/4컵, 다진 바질 2큰술, 소금 1/4작은술, 후춧가루 약간

5	칠리

오일 1/2컵, 스위트 칠리소스 5큰술, 다진 양파 3큰술, 빵가루 4큰술, 소금 1/2작은술, 후추 약간

7	아보카도

오일 1/2컵, 으깬 아보카도 1/2개분, 다진 양파 3큰술, 소금 1/4작은술, 굵은 후춧가루 약간

| 8 | 발사믹 |

오일 1/2컵, 간장 2큰술, 발사믹식초 2큰술, 프렌치 머스터드 1/2작은술, 설탕 1/2큰술, 다진 마늘 1작은술

| 9 | 들깨 |

오일 1/2컵, 들깨가루 1컵, 식초 1큰술, 오렌지즙 1큰술, 다진 마늘 1작은술, 소금 약간

| 10 | 에스닉 |

오일 1/2컵, 다진 고수 2큰술, 다진 홍고추 2큰술, 파프리카파우더 1작은술, 액젓 1큰술, 설탕 1큰술

소금 베이스
Salt Base

소금을 베이스로 하면 액상으로 된 딥보다 담백하고 깔끔한 맛을 낼 수 있기 때문에, 향과 맛의 포인트가 필요한 경우에 곁들이면 좋다. 소금은 고운 입자를 가진 것을 선택한다. 단순히 섞는 것도 괜찮고, 더욱 고운 맛을 내기 위해서는 절구로 빻거나 믹서로 갈아 사용해도 좋다.

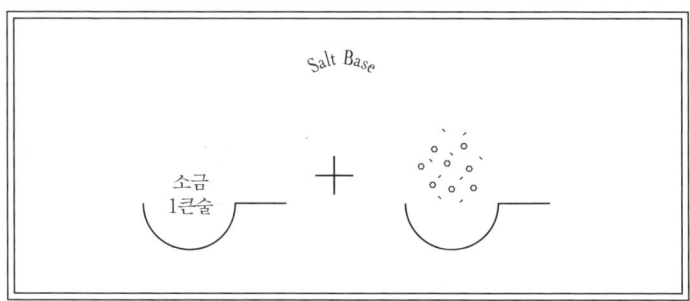

1	바질
소금 1큰술, 바질 1/2작은술, 갈릭파우더 1작은술, 오레가노가루 약간	
2	파슬리페퍼
소금 1큰술, 파슬리가루 1작은술, 후춧가루 1/4작은술, 갈릭파우더 약간	
3	커리
소금 1큰술, 커리가루 1작은술, 고운 고춧가루 약간	
4	파마산치즈
소금 1큰술, 파마산치즈가루 2큰술	
5	케이퍼
소금 1큰술, 다진 케이퍼 5알분, 오레가노가루 약간, 후춧가루 약간	

6	녹차
소금 1큰술, 녹차가루 2작은술	
7	고수
소금 1큰술, 다진 고수잎 5장분	
8	레몬
소금 1큰술, 레몬제스트 2작은술, 레몬즙 약간	
9	새우파우더
소금 1큰술, 새우가루 1큰술, 가츠오부시가루 1작은술, 생강파우더 약간	
10	케이준
소금 1큰술, 갈릭파우더 2작은술, 파프리카파우더 1작은술, 어니언파우더 1/2작은술, 후춧가루·오레가노·큐민 약간씩	

그대로 사용해도 훌륭한 시판제품

삼발소스	동남아가 생각나는 이국적인 맛. 뒷맛의 진한 매운 맛이 매력적이다.
시저드레싱	샐러드 드레싱이지만, 딥으로 먹어도 좋다.
아이올리마요네즈	달걀노른자와 마늘의 맛이 입안에서 맴돌게 되는 매력적인 맛의 마요네즈.
레몬그라스소스	밋밋한 맛의 칩에는 개성이 강한 딥을 곁들여도 좋다. 레몬그라스의 향이 진한 딥.
칠리소스	토마토가 베이스이지만, 마늘, 양파, 식초, 소금 등 매운맛이 가미되어 있다. 케첩 대신 사용하면 적당하다.

케첩	튀겨서 만든 칩에 무난하게 어울린다.
나초치즈	주로 나초와 함께 먹는 옐로치즈는 고소하고 진한 맛으로, 밋밋한 맛을 가진 칩에 잘 어울린다.
엔초비페이스트	짭짜름한 맛과 비릿한 향이 인상적이다. 칩 위에 약간씩 올려 먹으면 좋다.
허니머스터드	아이들 입맛으로 좋은 딥. 튀겨서 만든 칩에 잘 어울린다.
바질페이스트	잣과 바질로 만든 걸쭉한 페이스트이지만, 딥으로 활용하여도 훌륭하다.
땅콩소스	고소한 맛이 훌륭한 땅콩소스. 농도가 걸쭉하여 딥으로 사용하기 적당하다.

칩스 앤 딥
Chips & Dip

초판 1쇄 인쇄 2015년 12월 15일
초판 1쇄 발행 2015년 12월 20일

지은이 | 용동희
발행인 | 이원주

임프린트 대표 | 김경섭
기획편집팀 | 한선화 · 김순란 · 강경양 · 한지은
디자인 | 정정은 · 김덕오
마케팅 | 노경석 · 조안나 · 이유진
제작 | 정웅래 · 김영훈

요리 스태프 | 이현경 · 김지수 · 오지연
사진 | 한정선 실장 oopshans@naver.com
제품 협찬 | (주)한국하인즈 www.heinz.co.kr
　　　　　Philips(에어프라이어 HD9228/00)

발행처 | 미호
출판등록 | 2011년 1월 27일(제321-2011-000023호)
주소 | 서울특별시 서초구 사임당로 82 (우편번호 137-879)
문의전화 | 편집 (02) 3487-1650, 영업 (02) 2046-2800

ISBN 978-89-527-7533-7　13590

이 책의 내용을 무단 복제하는 것은 저작권법에 의해 금지되어 있습니다.
파본이나 잘못된 책은 구입하신 곳에서 교환해드립니다.